AF542192

LES FÊTES GRECQUES ET ROMAINES,

BALLET-HÉROÏQUE,

REPRÉSENTÉ, POUR LA PREMIERE FOIS,

PAR L'ACADÉMIE-ROYALE *DE MUSIQUE,*

Le Mardi 13 Juillet 1723.

Repris en 1733, 1741, 1753 & 1762.

Et remis au Théâtre le Mardi 28 Août 1770.

PRIX XXX. SOLS.

AUX DÉPENS DE L'ACADÉMIE.

A PARIS, Chés DE LORMEL, Imprimeur de ladite Académie, rue du Foin, à l'Image Sainte Genevieve.

On trouvera des Exemplaires du Poeme à la Salle de l'Opera.

M. DCC. LXX.

AVEC APPROBATION ET PRIVILEGE DU ROI.

Le Poëme est de **FUZELIER.**

La Musique est DE **BLAMONT.**

ACTEURS CHANTANTS.

DANS LES CHŒURS.

Côté du Roi.		Côté de la Reine.	
Meſdemoiſelles.	*Meſſieurs.*	*Meſdemoiſelles.*	*Meſſieurs.*
du Puis.	Héri.	Reich.	l'Écuyer.
d'Hautrive.	Cailteau.	Floquet.	Albert.
Garrus.	Candeille.	Hebert.	Tourcati.
d'Avantois.	Van-Hecke.	l'Etienne.	Pâris.
le Bourgeois	Vatelin.	d'Agée.	Lagier.
de Laurette.	Beghaim.	des Roſieres.	Ghuiot.
Durand.	Larſſure.	Jouette.	Capoi.
Fontenet.	Larlat.	de l'Or.	Martin.
Renard.	Robin.	Chenais.	Marnieſſe.
Girardin.	Méon.	Fabri.	Boi.
Veron.	Botſon.	Denis.	Laurent.
le Queulx.	Cleret.	Rouxelin.	Huet.
Beauvernier.	Tacuſſet.	Thibaut.	Parant, c.
Héri.	Royer.	S. Julien.	Itaſſe
	Fradelle.		Baillion.
	Cazal.		Jalaguier.
			Peire.
			Jouve.
			Noelle.

ACTEURS CHANTANTS.
DU PROLOGUE.

APOLLON, M. Caſſaignade.
CLIO, *Muſe de l'Hiſtoire*, Mlle. Châteauneuf.
ÉRATO, *Muſe de la Muſique*, Mlle. Beaumeſnil.
*Un Suivant d'*APOLLON, M. Tirot.
TERPSICORE, *Muſe de la Danſe*,
*Éleves d'*ÉRATO, *chantants.*
Éleves de TERPSICORE, *danſants.*

La Scêne eſt dans le Temple de Mémoire.

PERSONNAGES DANSANTS
DU PROLOGUE.

TERPSICORE, Muſe de la Danſe.

Mlle. GUIMARD.

CHEF DE LA DANSE.

M. VESTRIS.

SUITE DE TERPSICORE.

M. TRANCART, Mlle NIEL.

Mrs. Rogier, Leger, Doſſion, Granier, Lieſſe, du Chaiſne, Aubri, Simonin, c., le Doux, Simonet, Lieſſe, Giroux.

Mlle. Louiſon, le Roi, la Fond, le Clerc, d'Auvilliers, Henriette, Granier, Vernier, de l'Orme, Buret, Sidonie, la Riviere.

PROLOGUE.

Le Théâtre repréſente le Temple de Mémoire, orné de Statues des grands Hommes.

SCÈNE PREMIÈRE.

CLIO, ÉRATO, ÉLEVES D'ÉRATO.

CLIO, aux Éleves d'ÉRATO.

O Vous, qui conſacrés votre aimable génie
A la Muſe de l'harmonie,
Répondés à mes vœux, ſecondés ſes efforts :
Apollon vous raſſemble au Temple de Mémoire;
Pour les héros, ſignalés dans l'hiſtoire,
Je vous demande des accords.
Des guerriers fabuleux c'eſt trop chanter la gloire;
Hâtés-vous d'éprouver de plus nobles tranſports.

ÉRATO, à Clio.

Quoi, Muse, équitable & sincere,
Qui défendés de l'injure des tems
Les solides vertus, les exploits éclatants,
La Vérité, qui vous éclaire,
Voudra-t-elle souffrir nos jeux ?
Je crains son flambeau rigoureux.

CLIO.

La Vérité n'est pas toûjours si redoutable ;
L'Histoire, aussi-bien que la Fâble,
Peut fournir à vos chants des héros amoureux.
Il n'est pas un vainqueur qui ne soit tributaire
Du doux empire de Cithere.

ENSEMBLE,

Les plus infléxibles guerriers
Ont ressenti les tendres peines :
Amour, sous leurs lauriers
On apperçoit tes chaînes.

ÉRATO, à sa Suite.

Soûtenés un choix glorïeux,
Vous, que chérit la Seine, & que le Tibre admire,
Vous enchantés par votre lire
Et les palais des rois & les temples des dieux.
En célébrant l'Amour, vous lui donnés des armes ;

Il trïomphe quand vous brillés.
Les rossignols, au printems rassemblés,
Ne chantent pas plus tendrement ses charmes.
En célébrant l'Amour, vous lui donnés des armes;
Il trïomphe quand vous brillés.

CHŒUR des Éleves d'Érato.

Regnés dans nos fêtes nouvelles,
Régnés, Amours, charmants vainqueurs;
Venés y verser les douceurs
Qui font le prix des cœurs fideles.

(*APOLLON paroît à la fin du CHŒUR.*)

CLIO.

Appollon vient ici; quel honneur pour nos jeux!
Rien ne manque plus à nos vœux.

SCÊNE II.

APOLLON, *& les* ACTEURS *de la Scêne précédente; SUIVANTS d'APOLLON.*

APOLLON.

Pour les favoriser, je quitte le Permesse.
Instruit de vos projèts, j'en veux être témoin;

Je préside à vos jeux, leur gloire m'interesse,
Et c'est à moi d'en prendre soin.

Vous allés expôser sur la lirique Scêne
Des héros, l'ornement & de Rome & d'Athêne.

Non, ce n'est pas assés de vos charmants concerts;
Une Muse vous manque encore.
Croyés-vous réunir les suffrages divers,
Sans le secours de Terpsicore ?

C'est en vain qu'aujourd'hui des chants mélodïeux
Sur la Scêne appellent les Grâces :
Si la danse n'amuse & ne charme les yeux
L'ennui suit les plaisirs, & vole sur leurs traces.

ÉRATO.

Cessés de nous vanter Terpsicore & ses pas ;
Nous connoissons tous ses appas.

(*On entend un prélude qui annonce* TERPSICORE.)

APOLLON.

Je l'entends ; profités, Muses, de sa présence.

ÉRATO.

Je remplirai votre esperance.

SCÊNE

SCÈNE III.

TERPSICORE, *sa Suite*, *&* *les* ACTEURS *de la Scène précédente.*

APOLLON.

TErpsicore, venés ; prêtés-leur vos attraits.

ÉRATO, CLIO, & APOLLON.

Charmante Muse de la danse,
Les jeux que vous ornés trïomphent à-jamais.

(*On danse.*)

Un SUIVANT *d'*APOLLON.

Jeunes beautés, pour être plus aimables
Dansés, chantés ;
Tous les cœurs seront domtés.
Le chant, la danse, à vos vœux favorables,
De leurs appas sauront vous orner, tour-à-tour.
Plus vous unissés de talents agréables,
Plus vous livrés de traits au tendre Amour.

APOLLON. (*On danse.*)

Retracés aujourd'hui les plus aimables fêtes
Qui des vainqueurs du monde amusoient les loisirs :
La grandeur ordonnoit leurs jeux & leurs conquêtes ;
L'univers admiroit leur gloire & leurs plaisirs.

CHŒUR des Éleves de TERPSICORE *&* *d'*ÉRATO.

A des emplois nouveaux Apollon nous appelle ;
Ranimons nos pas & nos voix ;

Et marquons notre zele
Au dieu qui nous donne des loix.

(ÉRATO & APOLLON celebrent les louanges de TERPSICORE dans une cantate, & la Muse de la danse en exprime les simphonies & les chants variés, par ses pas & ses attitudes.)

ÉRATO & APOLLON.

Quelle danse vive & legere!
Les jeux, les ris vous suivent tous:
Muse brillante, auprès de vous
On voit plus d'amours qu'à Cithere.

Vous peignés à nos yeux les transports des amants,
Les tendres soins, la flateuse esperance,
Le désespoir jaloux, la cruëlle vengeance;
Tous vos pas sont des sentiments.

Quelle danse vive & legere!
Les jeux les ris vous suivent tous:
Muse brillante, auprès de vous
On voit plus d'amours qu'à Cithere.

AVEC LE CHŒUR.

Muse brillante, auprès de vous
On voit plus d'amours qu'à Cithere.

FIN DU PROLOGUE.

LES JEUX
OLIMPIQUES.

PREMIERE ENTRÉE.

ACTEURS CHANTANTS.

PREMIERE ENTRÉE.

ALCIBIADE, *vainqueur des jeux, amant d'*ASPASIE, M. l'Arrivée.

TIMÉE, *aimée d'*AGIS, *Roi de Sparte, & amoureuse d'*ALCIBIADE, Mlle. Beaumesnil.

ASPASIE, *jeune Grecque, nommée pour distribuer les prix aux Vainqueurs des Jeux,* Mlle. d'Hautrive.

AMINTAS, *Confident d'*ACIBIADE, M. Cavallier.

ZÉLIDE, *Confidente de* TIMÉE, Mlle. d'Avantois.

SPECTATEURS *des Jeux.*

La Scêne est dans l'Élide, près du Temple de Jupiter Olimpien.

PERSONNAGES DANSANTS.

TRIOMPHE D'ALCIBIADE.

LUTTEURS.

M. d'AUBERVAL.

Mrs. ROGIER, de LAISTRE.

GRECS, qui disputent le prix de la Danse.

M. SIMONIN, Mlle. d'ERVIEUX.

PEUPLES GRECS.

Mrs. Beaulieu, Gallet Fay, Huart, du Chaisne, le Roi, I., Balderoni, Abraham.

Mlles. de Miré, Auberte, Gaudot, Blondeval, d'Elfevre, Mercier, Martin, Perseval.

LES JEUX *OLIMPIQUES.*

PREMIERE ENTRÉE.

Le Théâtre repréſente, dans le fond, le Temple de Jupiter Olimpien, &, ſur le devant, une avenue d'Arbres. On voit deux Groupes, exprimant l'un des travaux d'Hercule, inſtituteur des Jeux Olimpiques.

SCÈNE PREMIÈRE.

TIMÉE, *ſeule.*

DOis-tu, cruël Amour, te ſervir d'un volage,
Pour te ſoûmettre un tendre cœur ?
Mes yeux ne regnent plus ſur l'objet qui m'engage;

L'infidele éteint ſon ardeur,
Dès qu'il ſait que je la partage:
Ah! j'ai fait tous mes maux, en feſant ſon bonheur.

Dois-tu, cruël Amour, te ſervir d'un volage,
Pour te ſoûmettre un tendre cœur?

SCÈNE II.

TIMÉE, ZÉLIDE.

ZÉLIDE.

TAndis que, près d'ici, la Grece raſſemblée
Applaudit au vainqueur des jeux,
Tandis que tout comble vos vœux,
Vous fuyés les plaiſirs, vous paroîſſés troublée....

TIMÉE.

Ah, que mon ſort eſt rigoureux!

Pour jouïr d'un moment tranquille
J'errois ſeule dans ce ſéjour:
Je cherche en vain la paix dans ce charmant aſile,
Hélas! les tendres cœurs trouvent par-tout l'amour.

Apprends mon ſort; conçois ma juſte jalouſie:
Mon amour, mes ſoûpirs, mes ſoins ſont ſuperflus,
Alcibïade aime Aſpaſie,
L'inconſtant ne changera plus!

ZÉLIDE.

Quoi, vous ne feriés plus aimée!
Je n'ai point apperçu ce fatal changement.

TIMÉE.

Il n'a pu tromper un moment
Les regards de Timée.

J'aime trop mon amant, hélas!
Pour ignorer ſon inconſtance.
Le tendre amour ne s'apperçoit-il pas
De tout ce qui détruit ſa plus chere eſperance?
J'aime trop mon amant, hélas!
Pour ignorer ſon inconſtance.

(*TIMÉE appercevant de loin ALCIBIADE.*)

Il vient. Quels doux tranſports paroîſſent l'agiter!
Écoutons ſes diſcours; ce lieu nous eſt propice.

ZÉLIDE.

Vous vous repentirés d'employer l'artifice.

Il eſt dangereux d'écouter
Les ſecrèts d'un cœur infidele:
On peut y découvrir quelque offenſe nouvelle;
De ſon crime il vaut mieux douter.

Il

Il eſt dangereux d'écouter
Les ſecrèts d'un cœur infidele.

TIMÉE.

Viens : à l'Amour jaloux je ne puis réſiſter.

(TIMÉE emméne ZÉLIDE, & va ſe cacher.)

SCÈNE III.

ALCIBIADE, AMINTAS, TIMÉE, & ZÉLIDE, *cachées.*

AMINTAS.

DAns vos yeux ſatisfaits on lit votre victoire :
Vous avés de nos jeux remporté tout l'honneur.

ALCIBIADE.

Tu ne vois que ma gloire,
Apprends les plaiſirs de mon cœur.

La charmante Aſpaſie,
Par les Grecs vient d'être choiſie
Pour me donner le prix, ordonné dans nos jeux ;
Et ſon cœur, en ſecret, eſt ſenſible à mes feux.

Tous mes vœux ſont remplis : la beauté qui m'enchante
Va me couronner dans ce jour :
La couronne la plus brillante
S'embellit, en pâſſant par les mains de l'Amour.

AMINTAS.

Quoi, vous êtes déja dans des chaînes nouvelles ?
Aſpaſie eſt ſenſible à vos feux infideles !

ALCIBIADE.

L'Amour nous a tous deux frappés des mêmes coups.
Sous les ombres du mistere.
Nous trompons les yeux jaloux :
Contents d'aimer & de plaire,
Nous cachons des feux si doux
Sous les ombres du mistere.

AMINTAS.

Je le vois, vous voulés éviter la colere
De l'objet, que trahit votre légereté :
Se peut-il qu'un héros, que la raison éclaire,
Suive toûjours la nouveauté ?

ALCIBIADE.

Mon cœur, fait pour l'indépendance,
Néglige la fidélité :
Et je trouve dans l'inconstance
L'image de la liberté.

AMINTAS.

Changer d'amour, c'est changer d'esclavage ;
L'inconstant ne peut être heureux dans ses desirs :
Un cœur, qui de ses nœuds si souvent se dégage,
Prouve qu'ils ne sont pas formés par les plaisirs.

ALCIBIADE.

Notre cœur doit changer sans-cèsse,
Pour n'avoir que d'heureux moments :
Les premiers jours de la tendresse
En sont les jours les plus charmants.

AMINTAS.

L'Amour vous punira d'une erreur, qui l'offense.

ALCIBIADE.

En servant son pouvoir, craindrois-je sa vengeance?
Plus d'une beauté chaque jour
Par un volage est asservie :
Un fidele amant dans sa vie
Ne soûmet qu'un cœur à l'Amour.

AMINTAS.

Peut-on si hautement se déclarer volage ?
Doit-on soûpirer en tous lieux ?

ALCIBIADE.

De la Divinité l'encens est le partage ;
Les soûpirs sont l'hommage
Qu'éxigent de beaux yeux.
Gardons-nous de former des chaînes éternelles :
On doit encenser tous les dieux ;
On doit aimer toutes les belles.

AMINTAS.

Ainsi vous trahissés la flâme & les appas
D'une fidele amante ?

ALCIBIADE.

En voyant l'objet qui m'enchante
Quels attraits, quelle ardeur ne trahiroit-on pas.

SCÈNE IV.

ALCIBIADE, AMINTAS, TIMÉE, ZÉLIDE.

TIMÉE.

Ah, c'en eſt trop, perfide! arrête...?
Eſt-ce donc là le ſort que l'Élide m'apprête?
Je reſſens à la fois l'amour & la fureur.....
Eh quoi! n'ai-je plus d'eſperance?
Cruël, rends-moi ton cœur,
Ou mon indifference.

Mais non, rien ne pourroit, hélas! me dégager:
Reviens; l'amour conſtant près de moi te rappelle.
Tu ne rougis pas de changer;
Change encore une fois, pour devenir fidele.

ALCIBIADE.

Calmés ce dépit éclatant;
Votre couroux m'eſt favorable:
Plus on ſe plaint d'un inconſtant,
Plus on le fait paroître aimable.

TIMÉE.

Cruël ! c'en eſt donc fait ? ſans regrèts, ſans remords,
Vous vous livrés à l'inconſtance ?
Ah ! du-moins, ſuſpendés mes funeſtes tranſports ;
Déguiſés un moment l'excès de votre offenſe....
Alcibïade... hélas !.. vous gardés le ſilence...
Vous fuyés mes regards....

(*On entend un bruit de trompettes, qui annonce le triomphe d'*ALCIBIADE.)

Mais on vient, juſtes dieux !
C'eſt ici que l'on doit couronner ton adreſſe :
Dérobons ma honte à la Grece,
Hâtons-nous d'éviter un ſpectacle odïeux.

C'eſt trop long-tems, pour un perfide,
Refuſer les vœux d'un grand roi ;
Ingrat ! je vole à Sparte, en ſortant de l'Élide ;
Agis aura ma main, s'il me venge de toi.

SCÈNE V.

ALCIBIADE, AMINTAS, ASPASIE.

GRECS, *Spectateurs des Jeux*, ATHLETES.

(ASPASIE *arrive, accompagnée de* GRECS *& de Jeunes* GRECQUES *qui la suivent en dansant ; elle présente à* ALCIBIADE *une Couronne d'Olivier, prix consacré aux vainqueurs des Jeux Olimpiques.*)

ASPASIE, seul.

ASpasie en ce jour vient acquitter la gloire
De ce qu'elle doit au vainqueur.
Trïomphés, recevés l'honneur
Que vous accorde la victoire.

ALCIBIADE.

Dans cet instant tout l'excès de ma gloire
N'est bien connu que de mon cœur :

Quand

Quand vous couronnés un vainqueur,
Il vous doit plus qu'à la victoire.

(*Danse des* LUTTEURS.)

ASPASIE.

Amants, que le mistere amene dans nos fêtes,
Vous laissés l'éclat aux guerriers :
Plus l'Amour cache ses conquêtes,
Plus il mérire de lauriers.

(*Danse pour le prix de cet art.*)

AMINTAS.

Les prix que la Gloire présente
N'attirent pas tous les cœurs dans sa cour :
Il en est que conduit une plus douce attente ;
L'univers doit souvent ses héros à l'Amour.

Vous, favoris de Mars, qui suivés la victoire,
Volés, trïomphés sur ses pas :
Plus vous serés chers à la gloire,
Plus l'objet de vos feux vous trouvera d'appas.

(*On danse.*

LE CHŒUR.

Éclatés, brillantes trompettes,
Célébrés le vainqueur, qu'il trïomphe à-jamais.

Fesons retentir ces retraites,
Des concerts de Bellone & des chants de la Paix.

FIN DE LA PREMIERE ENTRÉE.

LES
BACCHANALES.

SECONDE ENTRÉE.

ACTEURS CHANTANTS.

SECONDE ENTRÉE.

MARC-ANTOINE, M. Gélin.

ÉROS, *affranchi de* MARC-ANTOINE, M. Muguet.

CLÉOPATRE, *Reine d'Égipte*, Mlle. du Plant.

ÉGIPTIENS & ÉGIPTIENNES, en Amours.

ÉGIPTIENS & ÉGIPTIENNES, en Égipans & en Bacchantes.

PEUPLES d'Égipte.

SOLDATS Romains.

La Scêne eſt dans le Camp des Romains, ſur les bords du fleuve Cidnus, dans la Cilicie.

PERSONNAGES DANSANTS.

ÉGIPANS & BACCHANTES.

Mlle. ASSELIN.

M. GARDEL, Mlle. HEINEL.

Mrs. Beaulieu, Gallet, Henri, Guillot, du Chaiſne, Hennequin, l.

Mlles. de Miré, Gaudot, Delfevre, Blondeval, Martin, Rôſé.

ÉGIPTIENS & ÉGIPTIENNES.

Mrs. Rivet, Huart, le Roi, l., Balderoni, Habraham, des Bordes.

Mlles. Hidou, Auberte, du Meſnil, Perſeval, Henriette, Murès.

LES BACCHANALES.

SECONDE ENTRÉE.

Le Théâtre repréſente le camp des Romains, ſur les bords du fleuve Cidnus, dans la Cilicie.

SCÈNE PREMIÈRE.

ANTOINE, ÉROS, *ſon affranchi.*

ÉROS.

SEIGNEUR, vous méditiés une illuſtre conquête,
Et vous alliés punir les Parthes inconſtants:
Sur les bords du Cidnus, quel projet vous arrête?

ANTOINE.

C'eſt Cléopatre que j'attends:
Mon ordre appelle ici cette reine infidele.
Elle a ſervi Brutus & ſa haîne rebelle,
Les Romains en ſont mécontents.

ÉROS.

Verrés-vous ſans péril cette reine charmante?

ANTOINE.

Non, ne crains pas que j'augmente
Ses trïomphes éclatants.

Mon cœur eſt conduit par la gloire;
L'amour pourroit-il l'égarer?
Sur les traces de la victoire
Quels appas puis-je rencontrer
Qui l'effacent de ma mémoire?

Mon cœur eſt conduit par la gloire;
L'amour pourroit-il l'égarer?

ÉROS.

Le vainqueur de Pompée a brûlé pour les charmes
Qui vont briller à vos regards:
Où votre cœur trouvera-t-il des armes
Pour oppôſer aux traits qui domtent les Céſars?

ANTOINE.

Les traits que l'Amour lance
Ne ſont pas tous victorïeux :
Et contre ſa puiſſance
Le héros le plus glorïeux
N'eſt pas toûjours celui qui ſe défend le mieux.

Je te le dis encore,
Ne crois pas que je cede à des traits impuiſſants.
Ce n'eſt pas à l'Amour que j'offre mon encens ;
C'eſt un dieu conquérant, c'eſt Bacchus que j'adore.

ÉROS.

Rival de ſa valeur, charmé de ſes exploits,
Vous l'avés imité cent fois.

ANTOINE.

Les Romains ne ſont nés que pour domter la terre,
Et l'Amour n'eſt pas fait pour être leur vainqueur :
Lorſque dans cent climats on veut porter la guerre,
Il faut ſavoir trïompher de ſon cœur.

ANTOINE & ÉROS.

Un laurier, que la gloire donne,
Vaut tous les mirthes des amants.

Quels heureux jours! quels doux moments!
Quand la victoire nous couronne.

Un laurier, que la gloire donne,
Vaut tous les mirthes des amants.

SCÈNE II.

ANTOINE, ÉROS, CLÉOPATRE, ÉGIPTIENNES & BACCHANTES.

ÉGIPTIENS & ÉGIPANS.

(On voit paroître de loin sur le fleuve Cidnus une barque superbe, dont la poupe est d'or, & les rames d'argent. La Reine d'Égipte, magnifiquement habillée, est couchée sous un Pavillon de pourpre, tissu d'or; de petits Égiptiens, déguisés en Amours, sont à ses piés: d'autres barques, chargées d'Egiptiens, d'Égipans, d'Égiptiennes & de Bacchantes, accompagnent celle de Cléopâtre, & s'approchent lentement du rivage.)

ANTOINE.

MAis du fils de Sémele & du dieu de Cithere
Les aimables sujèts s'assemblent à mes yeux.
Bacchus, est-ce Arïane? Amour, est-ce ta mere
Qui les réunit dans ces lieux?

(Les Soldats Romains sortent de leurs tentes, & accourent de tous côtés sur le rivage, pour voir cette flote galante.)

CHŒUR des Romains.

Losqu'elle veut charmer le monde,
C'est ainsi que Vénus se promene sur l'onde.

E

(*Les Égipans & les Bacchantes ſont leur débarquement. CLÉOPATRE les ſuit, & deux Romains la conduiſent près d'ANTOINE.*)

CLÉOPATRE.

Vous voyés Cléopâtre, odïeuſe aux Romains,
Et peut-être, hélas ! à vous même :
J'obéis, en tremblant, à votre ordre ſuprême,
Et je viens dépôſer mon ſceptre dans vos mains.

ANTOINE, à part.

Que devient ma fierté ? tous ſes efforts ſont vains.

CLÉOPATRE.

Je ſais que de Bacchus vous chériſſés la gloire ;
L'Égipte, la premiere, honora ſa mémoire,
J'ai cru que ſur ces bords vous ſouffririés nos jeux.
Vous, qui nous rappellés le vainqueur généreux
Qui, d'une amante déplorable,
Adoucit, dans Naxos, le deſtin rigoureux,
Me ſerés-vous inéxorable ?
La fille de Minos poſſédoit mille appas,
Il eſt vrai ; la beauté ſe rend tout favorable ;
Rarement un héros ne la protege pas :
Mais pourquoi trouverois-je un cœur impitoyable ?
Arïane étoit plus aimable ;
Je ſuis plus malheureuſe, hélas !
Me ſerés-vous inéxorable ?

ANTOINE.

Si Bacchus avoit vu l'eclat de vos beaux yeux,
L'orſqu'Arïane en pleurs, ſur un triſte rivage,
Toucha par ſes regrèts ce dieu victorïeux,
Elle eût longtems pleuré la fuite d'un volage.

CLÉOPATRE.

Seigneur, je venois devant vous
Juſtifïer mon innocence......

ANTOINE.

Votre premier regard en a pris la défenſe.

CLÉOPATRE.

Quel dieu vient de fléchir pour moi votre couroux?

ANTOINE.

Reconnoiſſés l'Amour au pouvoir de ſes coups.

Lorſque, loin de vos yeux, on me peignoit vos charmes,
La ſevere raiſon me promettoit des armes
Contre leurs plus aimables traits:
Mais, hélas! quelle difference
D'entendre vanter leur puiſſance,
Ou de voir briller leurs attraits!

CLÉOPATRE.

Non, non, je ne puis croire
Qu'à trïompher l'Amour mette ſi peu d'inſtants;
Lorſqu'un héros lui cede la victoire,
Il la diſpute plus longtems.

ANTOINE.

Du terrible dieu de la Thrace
L'Amour, dans ſes exploits, efface
La plus vive rapidité.
On donne bien des jours à la plus courte guerre;
Un ſeul inſtant ſuffit à la beauté
Pour triomphér des vainqueurs de la terre.

CLÉOPATRE.

Ne vous obſtinés pas à troubler mon repos;
Rome défend à ſes héros
D'ôſer ſoûpirer pour des reines....

ANTOINE.

Je lis dans vos beaux yeux des loix plus ſouveraines.

CLÉOPATRE

Quoi! Rome vainement condamneroit vos feux?
Vous pourriés de Fulvie abandonner les chaînes?

ANTOINE.

Je ne connois plus que vos nœuds:
Conſentés que l'amour à-jamais nous uniſſe.

CLÉOPATRE.

Quand vous m'offrés un ſi grand ſacrifice,
Seigneur, en les comblant, vous allarmés mes vœux.
Puis-je compter ſur la conſtance
Du feu qui vous brûle en ce jour?

Je n'ôse écouter l'esperance,
Ah ! devrois-je écouter l'amour ?

ANTOINE.

Tout vous garantit la constance
Du feu qui me brûle en ce jour :
Ne retardés pas l'esperance,
Et qu'elle vole avec l'amour.

D'aignés enfin me faire entendre
Quel sort à mes soûpirs vous voulés réserver.
Douterés-vous longtems de l'amour le plus tendre ?

CLÉOPATRE.

Douter de votre amour, n'est-pas l'approuver ?

(*à sa suite.*)

Dans ces lieux, témoins de ma gloire,
Hâtés-vous d'achever les jeux interrompus :
Mon cœur célebre ma victoire,
Que vos chants célebrent Bacchus.

SCÈNE III.

CLÉOPATRE, ANTOINE, ÉROS, ÉGIPTIENS & ÉGIPANS, ÉGIPTIENNES & BACCHANTES, *Soldats Romains.*

LE CHŒUR.

RÉunissons nos voix & nos hommages,
Mêlons nos vœux & nos concerts:
Que le nom de Bacchus, chanté sur ces rivages,
S'éleve, avec l'encens, & vole dans les airs.

(*Danse des* ÉGIPANS *& des* BACCHANTES.)

ANTOINE & CLÉOPATRE.

Les ris, les grâces,
Suivent Bacchus dans ce séjour:
L'Amour sur leurs traces
Vient lui-même embellir sa cour.
Ces dieux s'unissent.
Pour mieux répondre à nos desirs;
Que ces lieux retentissent
De leur gloire & de nos plaisirs.

(*On danse.*)

CLÉOPATRE.

Livrons, ſans allarmes,
Nos cœurs aux charmes
Que nous prodigue ce beau jour.
Quand ſur cette rive
Bacchus arrive,
Préſenté par l'Amour,
Ces vainqueurs uniſſent leurs coups,
Leur gloire eſt certaine;
Notre fuite eſt vaine:
Cedons tous,
Rendons-nous.

Livrons, ſans allarmes, *&c.*

Tendres amants,
Le mirthe, plus que la treille,
Vous donne-t-il d'heureux moments?
La raiſon ſommeille,
Le plaiſir veille
Sous ces rameaux charmants,

Livrons, ſans allarmes, *&c.*

(*On danſe.*)

CLÉOPATRE.

Brillés, jouïſſés de la paix,
Plaiſirs, dans le ſein de la guerre:
Suſpendés l'effroi de la terre;
Volés, ne nous quittés jamais.

Près de Bellone même ici tout est tranquille ;
Amour, ne vous allarmés pas ;
Le séjour du dieu des combats
Pour le fils de Vénus doit être un sûr asile.

Brillés, jouïssés de lapaix ,
Plaisirs, dans le sein de la guerre :
Suspendés l'effroi de la terre ;
Volés, ne nous quittés jamais.

FIN DE LA SECONDE ENTRÉE.

LES

SATURNALES.

TROISIEME ENTRÉE.

ACTEURS CHANTANTS.
TROISIEME ENTRÉE.

DÉLIE, *parente de Mécène*, Mlle. Rosalie.
*favori d'*AUGUSTE,

PLAUTINE, *confidente de* DÉLIE, Mlle. Châteauneuf.

TIBULE, *Chevalier Romain, déguisé en Esclâve, sous le nom d'*ARCAS, M. le Gros.

BERGERS & BERGERES, PASTRES & PASTOURELLES, ESCLAVES chantants, vétus en BERGERS & en BERGERES.

La Scène est dans les Jardins de la maison de Campagne de Mécène.

PERSONNAGES DANSANTS.
BERGERS & BERGERES.

M. VESTRIS, Mlle. GUIMARD.

Mrs. Rogier, Leger, du Pré, Granier, Hennequin, l.

Mlles. la Fond, le Clerc, d'Auvilliers, de l'Orme, des Forges, la Rivière.

PASTRES & PASTOURELLES.

M. D'AUBERVAL, Mlle. ALLARD.

Mrs. Giguet, Caster, Guillet, la Rue, Liesse, Hennequin, c.

Mlles. Louison, Vernier, Buret, Granier, Sidonie.

LES SATURNALES.

TROISIEME ENTRÉE.

Le Théâtre représente les Jardins de la maison de Campagne de Mécène.

SCÈNE PREMIÈRE.

DÉLIE, PLAUTINE.

PLAUTINE.

L'ESCLÂVE qui toûjours se présente à vos yeux
Quoi, le fidele Arcas est le tendre Tibule ?

DÉLIE.

Oui, le feu qui pour moi le brûle,
Sous ce déguisement, l'attire dans ces lieux.

C'eſt un effet de ſa délicateſſe.
Avant de laiſſer voir l'excès de ſon ardeur,
Il vouloit pénétrer le ſecret de mon cœur:
Réſolu d'immoler ſa flâme à ma tendreſſe,
Si ſes ſoins d'un rival découvroient le bonheur.

PLAUTINE.

Aujourd'hui de Saturne on célébre la fête;
De ces tems fortunés on ſait les douces loix:
L'eſclâve, égal au maître, en poſſede les droits.
Le chagrin fuit, la colere s'arrête;
Le Tibre ſur ſes bords revoit la liberté:
Tibule en aura profité.

DÉLIE.

Il ſe croit inconnu: le tranſport qui l'enflâme,
Conduit par le reſpect, ſe cache dans ſon âme,

PLAUTINE.

Que l'on perd de doux inſtants
Lorque l'on ſuit trop longtems
Le reſpect, toûjours timide!
C'eſt un guide
Qui n'enſeigne pas aux amours
Les chemins les plus courts.

Mais que craint votre amant ? on diroit qu'il ignore
De qui dépend la main de l'objet qu'il adore.
Qu'il s'explique à Mécène ; il verra, près de lui,
Apollon à l'Amour accorder ſon appui.

DÉLIE.

L'Amour ne veut devoir ſon bonheur qu'à lui même.

PLAUTINE.

Mais comment ſavés-vous que Tibule vous aime ?

DÉLIE.

Conduite par le ſort dans un bois écarté,
J'ai, ſans être apperçue, éclairci ce miſtere.
Tibule, ſoûpirant au bord d'une onde claire,
N'y penſoit pas être écouté ;
J'ai ſu dans ces beaux lieux le prix d'un cœur ſincere.

PLAUTINE.

Je ne m'étonne plus ſi votre emprèſſement
Vous y ramene à tout moment.

DÉLIE.

Dans ces jardins charmants Flore enchaîne Zéphire ;
Quel aimable ſéjour
Pour un cœur qui ſoûpire !
Un printeins éternel y règne avec l'amour.

Sous ces arbres, témoins de mon bonheur extrême,
A chaque inſtant je puis trouver
Le plaiſir de voir ce que j'aime,
Ou, du-moins, celui d'y rêver.

Dans ces jardins charmants Flore enchaîne Zéphire;
Quel aimable ſéjour
Pour un cœur qui ſoûpire!
Un printems éternel y règne avec l'amour.

(*Appercevant* TIBULE.)

Mais Tibule paroît; éprouvons ſa conſtance
Par une feinte confidence.

(DÉLIE & PLAUTINE *feignent de ne pas appercevoir* TIBULE, & *ſe retirent vers le fond du théâtre.*

SCÈNE II.

DÉLIE, PLAUTINE, TIBULE, *déguisé en esclâve, sous le nom d'*ARCAS.

TIBULE, à part, sans voir DÉLIE.

MÉcène dans ce jour, près d'Auguste arrêté,
Laisse ma flâme en liberté......
Je vois Délie; allons*... O ciel! que vais-je faire?

(* *Il fait quelques pas pour l'aborder, & s'arrête.*)

Loin de l'objet qui m'a su plaire,
Mon cœur se croit toûjours assés audacïeux,
Pour hasarder l'aveu de ma flâme sincère:
Mais quand cette beauté se présente à mes yeux,
Le respect me force à me taire.

Amour! sers les amants discrèts.

DÉLIE, à part, à PLAUTINE.

Je vais faire éclater ses sentiments secrèts.

(*Haut, à* TIBULE.)

Venés, Arcas, venés; j'ai remarqué le zele
Qui, sur mes pas, vient toûjours vous offrir.

TIBULE.

Il n'en eſt pas de plus fidele.

DÉLIE.

Pour prix de votre foi, je veux vous découvrir
Ce qui ſe pâſſe dans mon âme.

TIBULE, à part.

Quel redoutable inſtant! que je crains pour ma flâme!

DÉLIE.

Mon cœur dans un projet attend votre ſecours.

TIBULE.

Je ſaurai, s'il le faut, vous immoler mes jours.

DÉLIE.

Arcas, vous voulés trop payer ma confïance.

TIBULE.

Parlés.. vous balancés?.. ah! c'eſt trop différer.

DÉLIE.

Eh! bien, il faut me déclarer;
J'aime à voir votre impatïence.

Je mépriſois l'Amour, je fuyois ſes plaiſirs,
Et je bornoïs tous mes deſirs

A

A la paisible indifference.
En soûmettant mon cœur à sa douce puissance
L'Amour croit s'être bien vengé :
Je l'aurois plutôt outragé
Si j'avois prévu sa vengeance.

TIBULE, à part.

Quel trouble affreux vient me saisir ?
(*haut à* DÉLIE.)
Vous aimés donc ?... l'Amour aura su vous choisir
Un amant digne de vous plaire ?

DÉLIE.

Le dieu qui regne dans Cithere
Est le plus éclairé des dieux :
L'aimable choix qu'il m'a fait faire
Prouve bien qu'il n'a pas un bandeau sur les yeux.

Que pour moi dans ce jour votre zele s'emprèsse ;
C'est à vous seul, Arcas, d'achever mon bonheur :
Vous connoîssés l'objet de ma tendresse,
Nul ne peut mieux que vous m'assûrer de son cœur.

TIBULE.

Quelle cruëlle confidence !
Ah ! ne l'achevés pas, cessés de m'accâbler,
Ou mon funeste amour va rompre le silence....

DÉLIE, feignant de la surprise.

Arcas aime Délie, & l'ôse révéler!
Mais Saturne & la fête excusent votre offense;
Gardés-vous de la redoubler.

TIBULE.

Vous ignorés quel est l'amant sincere
A qui vous refusés jusqu'à votre colere.
Quel que soit le destin de mes tendres soûpirs,
Je veux brûler pour vous d'une flâme éternelle;
Je suspends mes regrèts, je contrains mes desirs,
Hélas! sans être heureux, je sais être fidele.

DÉLIE.

Parlés-moi de l'amant qui soûmet ma fierté:
Ce discours, cent fois répété,
Charmera mon amour extrême.
Lorsque d'un tendre cœur on veut être écouté,
Il ne faut lui parler que de l'objet qu'il aime.

TIBULE, à part.

Je ne puis soûtenir un si cruël tourment;
Fuyons.

DÉLIE.

Restés, Arcas; c'est en vous que j'espere;
Je ne pourrois sans vous voir ici mon amant:

Mécène, favorable à notre ardeur ſincere
Veut nous unir bientôt par un himen charmant....

TIBULE.

C'en eſt trop, le reſpect cede enfin à la rage:
Cruëlle, terminés un aveu qui m'outrage!...

(*DÉLIE le regarde d'un air riant.*)

O ciel! vous inſultés à ma vive douleur;
Mon déſeſpoir augmente, un nouveau feu me brûle...
Craignés que je n'immole à ma juſte fureur
Le trop heureux objet de votre tendre ardeur...

DÉLIE.

Pourriés-vous immoler Tibule?

TIBULE.

L'ai-je bien entendu? quel nom prononcés-vous?

DÉLIE.

C'eſt le nom de l'objet de mes vœux les plus doux.

TIBULE.

Qu'entends-je? o ciel, quel prix de ma perſeverance!
Non jamais l'eſperance
N'auroit ôſé le promettre à mon cœur...
Ah! deviés-vous ſi tard m'apprendre mon bonheur?

DÉLIE.

Nos feux ſont approuvés : tout remplit notre attente.

TIBULE & DÉLIE.

Aimons - nous, aimons - nous, & qu'une ardeur conſtante
Enflâme à-jamais nos deſirs.

(*On entend un prélude qui annonce la fête des* SATURNALES.)

TIBULE.

On vient des tems heureux chanter la paix charmante :
Puiſſe-t-elle toûjours regner dans nos plaiſirs !

SCÈNE III.

DÉLIE, TIBULE, *en esclâve*, PLAUTINE, ESCLÂVES, *en* BERGERS, *en* BERGERES, *en* PASTRES & *en* PASTOURELLES.

LE CHŒUR.

CHantons, chantons cent & cent fois;
Échos, répondés-nous, répondés à nos voix.
Chantons dans ces belles retraites :
Saturne, entends-nous dans les cieux.
Que les hautbois, que les musetes
Célebrent le modele & des rois & des dieux.

(*On danse.*)

DÉLIE.

Venés, petits oiseaux,
Dans ce rïant boccage;
Joignés votre ramage
Au murmure des eaux.

Tout rit dans la nature,
Tout fleurit dans les champs
Et l'aimable verdure
Ramene le printems.

Venés, petits oiseaux, &c.

(On danse.)

TIBULE, *d'abord seul, & ensuite avec le* CHŒUR.

Sur l'univers règne à-jamais,
Tendre déésse de Cithere.
Amour, lance sur nous tes traits,
Sentir tes feux, aimer & plaire,
C'est jouir de tous les bienfaits.

(Les BERGERS *& les* PASTRES *forment un Ballet general, qui finit cette derniere Entree.)*

F I N.

APPROBATION.

J'Ai lu, par ordre de Monseigneur le Chancelier, une nouvelle édition des *Fêtes Grecques & Romaines*; & n'y ai rien trouvé qui doive en empêcher l'impression. A Paris le 17 Août 1770.

DE MONCRIF.

www.ingramcontent.com/pod-product-compliance
Lightning Source LLC
LaVergne TN
LVHW010004230826
846092LV00002B/634

* 9 7 8 2 3 2 9 6 7 4 0 2 5 *